AF312556

PROTOCOLE FINAL

DE LA

CONFÉRENCE RELATIVE À CERTAINES QUESTIONS

CONCERNANT LE STATUT DE TANGER.

L'ESPAGNE et la FRANCE s'étant entendues sur divers développe ments et modifications à apporter au régime de la zone de Tanger, le GOUVERNEMENT DE SA MAJESTÉ LE ROI D'ESPAGNE, le GOUVERNEMENT DE LA RÉPUBLIQUE FRANÇAISE, le GOUVERNEMENT EN GRANDE-BRETAGNE DE SA MAJESTÉ BRITANNIQUE, signataires de la Convention du 18 décembre 1923 relative à l'organisation du Statut de la zone de Tanger, sont tombés également d'accord pour arrêter en commun avec le GOUVERNEMENT DE SA MAJESTE LE ROI D'ITALIE divers amendements à ladite Convention, aux dahirs chérifiens organiques et aux codes en vigueur dans la zone, ainsi que certaines dispositions concernant celle-ci, et pour reconnaître que le GOUVERNEMENT ITALIEN devient partie contractante à ladite Convention telle qu'elle se trouve ainsi revisée.

Dans ces conditions, les soussignés, dûment autorisés, se sont réunis en une Conférence à Paris, au Ministère des Affaires Etrangères, du 20 mars au 16 juillet 1928, au cours de laquelle ils sont convenus des dispositions ci-après annexées, qu'ils ont revêtues aujourd'hui de leurs signatures respectives.

Le présent Protocole dressé en quatre exemplaires, à Paris, le 25 juillet 1928.

J. QUINONES DE LEON.
BERTHELOT.
CREWE.
G. MANZONI.

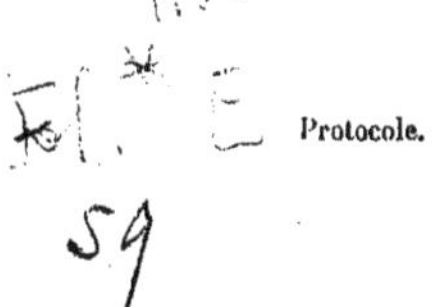

Protocole.

1

A

ACCORD

PORTANT REVISION DE LA CONVENTION DU 18 DÉCEMBRE 1923

RELATIVE À L'ORGANISATION DU STATUT DE LA ZONE DE TANGER.

Les Soussignés, dûment autorisés, respectivement plénipotentiaires des Puissances signataires de la Convention de Paris du 18 décembre 1923 relative à l'organisation du Statut de la zone de Tanger, auxquels s'est joint le plénipotentiaire de l'Italie,

Étant tombés d'accord pour reviser certains articles de ladite Convention et son annexe portant règlement de la gendarmerie dans la zone de Tanger,

Sont convenus des dispositions suivantes :

I

Le texte des articles 1, 3, 4, 8, 10, 27, 34, 35, 37, 47, 48, 50 et 56 de la Convention de Paris du 18 décembre 1923, relative à l'organisation du Statut de Tanger, est remplacé par le texte ci-après :

ARTICLE PREMIER. — *Remplacer les mots* : les trois Gouvernements contractants... *par les mots* : les Gouvernements contractants...

ART. 3. — ....
....

(*Dernier alinéa*) : Les Gouvernements britannique, espagnol, français et italien ont la faculté d'affecter à leurs Consulats à Tanger un officier chargé de les renseigner sur l'observation des engagements d'ordre militaire qui précèdent.

ART. 4. — La surveillance de la contrebande des armes et des munitions de guerre dans les eaux territoriales de la zone de Tanger sera, en temps normal, exercée conjointement par les forces navales de l'Espagne et de la France en raison de l'intérêt spécial que donne à ces deux Puissances la proximité de leurs zones d'influence respectives dans l'Empire Chérifien.

Dans le cas où, en raison de circonstances exceptionnelles, la coopération des forces navales britanniques et italiennes à la surveillance prévue à l'alinéa premier du présent article paraîtrait désirable, les Gouvernements britannique, espagnol, français et italien s'entendront préalablement sur les modalités de cette participation.

Les délinquants seront déférés au Tribunal mixte de Tanger.

Art. 8. — Les accords internationaux conclus à l'avenir par Sa Majesté Chérifienne ne s'étendront à la zone de Tanger qu'avec l'assentiment de l'Assemblée législative internationale de la zone.

Par exception s'étendent de plein droit à la zone les accords internationaux auxquels toutes les Puissances signataires de l'Acte d'Algésiras sont parties contractantes ou auront adhéré.

Les dahirs rendus par Sa Majesté Chérifienne en vue de modifier les textes organiques de la zone conformément aux accords intervenus ou à intervenir pour la revision du Statut de Tanger entre les Puissances signataires de la présente Convention s'étendront de plein droit à la zone.

Les dispositions des articles 141 et suivants du Traité de Versailles continuent à s'appliquer à la zone de Tanger. Les dahirs chérifiens pris en conséquence de ces textes ne peuvent être modifiés qu'après accord avec le pouvoir central chérifien.

Art. 10. — Il est interdit de se livrer dans la zone de Tanger à aucune agitation, propagande ou préparation d'entreprise contre l'ordre établi dans l'une quelconque des zones du Maroc, ou dans les pays étrangers.

Les délinquants quels qu'ils soient seront déférés au Tribunal mixte de Tanger.

Un bureau mixte d'information, composé d'un officier supérieur espagnol, chef du bureau, d'un officier subalterne français, adjoint au chef du bureau, et d'un officier subalterne espagnol, sera établi à Tanger avec mission d'observer tous faits intéressant la sécurité de Tanger dans ses rapports avec celle des zones voisines et des pays étrangers.

En raison de l'intérêt spécial que l'activité de ce bureau présentera pour les autres zones du Maroc, les frais de son fonctionnement seront entièrement à la charge des Gouvernements espagnol et français.

Le chef du bureau remplira les fonctions et aura le titre d'Inspecteur général de la sécurité dans la zone de Tanger et, comme tel, il devra recevoir l'agrément du Comité de contrôle.

Sans intervenir dans le fonctionnement des services de l'administration tangéroise, l'Inspecteur général de la sécurité sera le conseiller des autorités du Statut, ci-dessous mentionnées dans le présent article, pour l'application de l'article 3, paragraphe premier, de la présente Convention en ce qui concerne la sécurité de Tanger dans ses rapports avec celle des zones voisines et des pays étrangers, ainsi que pour l'application de l'article 10 visant les propagandes subversives, la contrebande et, d'une manière générale, l'application des dispositions concernant les indésirables et les menées dirigées contre l'ordre établi tant au Maroc que dans les pays étrangers.

Il communiquera ses informations à l'Administrateur pour permettre à celui-ci de prendre les mesures de surveillance appropriées ou de prescrire les enquêtes nécessaires.

Toutefois, si les faits dont il aurait connaissance lui paraissaient présenter un caractère délictueux nettement établi, il pourra les dénoncer directement au parquet du Tribunal mixte.

L'Inspecteur général de la sécurité aura qualité pour présenter au Comité de contrôle toutes observations, suggestions et tous conseils qu'il croira devoir formuler concernant l'organisation et le fonctionnement des services de l'administration chargés de l'application des articles 3, paragraphe premier, et 10 de la présente Convention.

Les différentes autorités de la zone de Tanger, mentionnées ci-dessus, avec lesquelles, par application du présent article, l'Inspecteur général de la sécurité se sera trouvé en rapports, faciliteront à celui-ci l'accomplissement de sa mission notamment en indiquant la suite qui aura pu être donnée à ses démarches. Le Comité de contrôle servira à cet égard d'intermédiaire entre les autres autorités de la zone et l'Inspecteur général.

Art. 27. — *Remplacer les mots* : Les trois Puissances contractantes *par les mots* : Les Puissances contractantes.

Art. 34. — En considération du nombre des ressortissants, des chiffres du commerce général, des intérêts immobiliers et de l'importance du trafic à Tanger des différentes Puissances signataires de l'Acte d'Algésiras, l'Assemblée législative internationale comprend :

4 membres français,

4 membres espagnols,

3 membres britanniques,

3 membres italiens,

1 membre américain,

1 membre belge,

1 membre hollandais,

1 membre portugais.

désignés par leurs Consulats respectifs et, en outre :

6 sujets musulmans désignés par le Mendoub et

3 sujets israélites du Sultan désignés par le Mendoub et pris sur une liste de neuf noms présentée par la communauté israélite.

L'Assemblée nomme, parmi ses membres, quatre vice-présidents : un citoyen français, un sujet britannique, un sujet espagnol et un citoyen italien, chargés d'assister le Mendoub dans la présidence de l'Assemblée et de le suppléer en cas d'absence ou d'empêchement.

Art. 35. — (*Alinéas 1, 2, 3, 4 et 5*).

Un Administrateur exécute les décisions de l'Assemblée et dirige l'Administration internationale de la zone.

L'Administrateur a sous ses ordres trois administrateurs adjoints et deux ingénieurs.

Un administrateur adjoint est plus spécialement chargé, avec le titre de directeur, des Services d'hygiène et d'assistance; un administrateur adjoint est plus spécialement chargé, avec le titre de directeur, des services financiers; un administrateur adjoint est plus spécialement chargé, avec le titre de directeur, des services judiciaires.

Pour une première période de six ans, à compter de l'entrée en fonctions de l'Administrateur : l'Administrateur est de nationalité française; l'administrateur adjoint, chargé des services d'hygiène et d'assistance, est de nationalité espagnole; l'administrateur adjoint, chargé des services financiers, est de nationalité britannique; l'administrateur adjoint, chargé des services judiciaires, est de nationalité italienne. L'Administrateur, les trois administrateurs adjoints et les deux ingénieurs sont nommés par Sa Majesté Chérifienne, sur la demande du Comité de contrôle, à qui ils sont présentés par leurs Consulats respectifs.

Après cette première période de six ans, l'Assemblée nomme l'Administrateur et les administrateurs adjoints parmi les ressortissants des Puissances signataires de l'Acte d'Algésiras.

Toutefois les quatre postes ne pourront être confiés qu'à des ressortissants de nationalités différentes.

. . . .

Art. 37. — Le recrutement des fonctionnaires de l'Administration internationale, autres que ceux prévus à l'article 36 ci-dessus, est effectué par une commission présidée par l'Administrateur et composée des quatre vice-présidents de l'Assemblée et du chef de service intéressé.

La commission doit, en se renseignant auprès du Consul auquel ressortit le candidat, s'assurer que celui-ci n'a pas d'antécédents défavorables. Ces renseignements doivent être donnés dans un délai d'un mois à compter du jour où ils ont été demandés, faute de quoi la commission peut procéder au recrutement du candidat.

Les candidats agréés sont nommés par l'Administrateur après approbation de l'Assemblée.

Art. 47. — La sécurité dans la zone est exclusivement assurée par un corps de gendarmerie indigène mis à la disposition de l'Administrateur.

L'effectif de cette force sera de 400 hommes au plus pendant un délai de 12 mois à compter de sa constitution.

À l'expiration de ce délai de 12 mois cet effectif sera de 250 hommes et ne pourra être ni augmenté ni réduit sans l'assentiment unanime du Comité de contrôle.

À partir de la constitution de la gendarmerie et jusqu'au 31 décembre 1928, les Gouvernements espagnol et français contribueront à l'entretien de cette force en y affectant les crédits rendus disponibles par la dissolution des tabors. Passée cette date et jusqu'à la fin du délai de 12 mois ci-dessus prévu, les deux Gouvernements verseront à la zone la subvention nécessaire pour parfaire la différence entre le crédit de 1.500.000 francs que la zone devra prévoir dans son budget pour l'entretien de la gendarmerie et le montant des dépenses effectives. Cette subvention sera supportée pour moitié par chacun des deux Gouvernements.

À l'expiration de ladite période le Gouvernement espagnol et le Gouvernement français supporteront par moitié la dépense supplémentaire que comporte le maintien de la gendarmerie à 250 hommes, soit 350.000 francs chacun. Le crédit de 1.500.000 francs assuré par le budget de la zone sera porté ainsi à 2.200.000 francs, chiffre calculé conformément aux évaluations budgétaires.

La gendarmerie sera recrutée par moitié dans chacun des tabors actuels. L'égalité entre les éléments français et espagnols sera maintenue en cas de licenciement pour réduction d'effectifs et lors des recrutements auxquels donneront lieu les vacances.

La gendarmerie sera commandée par un officier espagnol du grade de commandant; celui-ci aura pour adjoint un officier français du grade de capitaine. Le cadre européen sera composé en proportions égales par des gradés espagnols et français. Vu le caractère international de cette unité, celle-ci pourra comprendre des gradés appartenant à d'autres nationalités.

La gendarmerie peut tenir garnison dans la ville de Tanger et entretenir des postes dans la banlieue.

Le règlement concernant la gendarmerie est annexé à la présente Convention.

Art. 48 (premier alinéa). — Une juridiction internationale, dénommée Tribunal mixte de Tanger, est chargée d'administrer la justice aux ressortissants des Puissances étrangères.

Elle est composée de magistrats de nationalités belge, britannique, espagnole, française et italienne.

. . . .

Art. 50. — Les commission et comités actuels de Tanger sont supprimés.

Le soin de fixer le tarif des valeurs douanières applicable dans les trois zones, qui incombe actuellement à la commission des valeurs douanières, est confié à une commission composée de représentants des trois zones. Cette commission se réunira à Tanger au moins deux fois par an.

Dans le cas où des protestations seraient élevées, au nom de l'égalité économique, contre les décisions de la commission en ce qui concerne la zone de Tanger, ces protestations seraient soumises au Comité de contrôle.

Art. 56. — (*Premier alinéa*) : *Remplacer les mots* les trois Gouvernements contractants *par les mots :* les Gouvernements contractants.

II

Le texte du règlement de la gendarmerie dans la zone de Tanger (annexe à la Convention du 18 décembre 1923) est remplacé par le texte ci-après :

RÈGLEMENT DE LA GENDARMERIE DANS LA ZONE DE TANGER.

———

I. — *Organisation*.

Article premier. — Il est constitué à Tanger une gendarmerie de la zone.

Art. 2. — Cette gendarmerie doit :

1° Maintenir l'ordre dans la zone. Elle devra prêter son concours à la police locale sur la réquisition de l'administrateur ;

2° Garantir d'une manière efficace la sécurité dans la zone.

Art. 3. — La gendarmerie est placée sous l'autorité de l'administrateur de la zone.

Art. 4. — Elle est commandée par un officier espagnol du grade de commandant qui a pour adjoint un officier français du grade de capitaine.

Le cadre européen comprend en outre :

4 lieutenants ou sous-lieutenants, dont deux espagnols et deux français ;

3 sous-officiers, dont un espagnol et un français.

Art. 5. — Si ces officiers ou sous-officiers européens sont promus au grade supérieur au cours de leur contrat, ils doivent être remplacés par d'autres officiers ou sous-officiers du grade prévu à l'article 4 ci-dessus.

Art. 6. — L'effectif indigène marocain est de 3 caïds et 250 hommes de troupe, sous-officiers compris.

La répartition de l'effectif et l'encadrement seront fixés par l'Assemblée législative international nationale avec l'approbation du Comité de contrôle; ils pourront être modifiés selon les données de l'expérience.

L'effectif des chevaux est, en principe, de 50.

Art. 7. — Un contrat passé entre l'Administration de Tanger et les officiers européens détermine les conditions de leur engagement et fixe leur solde, qui sera ordonnancée par le directeur des finances.

II. — *Recrutement.*

Art. 8. — La gendarmerie comprend des caïds, sous-officiers, caporaux et soldats marocains n'ayant encouru aucune punition grave.

Les hommes de troupe seront âgés d'au moins 24 ans et de 45 ans au plus.

Art. 9. — Pour la constitution de la gendarmerie, les gradés et soldats marocains seront recrutés par moitié dans chacun des tabors de police. L'égalité entre les éléments espagnols et français sera maintenue en cas de licenciement pour réduction d'effectifs et lors des recrutements auxquels donneront lieu les vacances.

Art. 10. — Le recrutement des hommes de troupe se fait par voie d'engagement et de rengagement.

L'engagement est contracté pour une période de trois ans. .

Le rengagement est contracté pour une période de un à trois ans et donne droit à une haute paye

Les tarifs de solde et de haute paye sont fixés par l'Assemblée internationale avec approbation du Comité de contrôle.

III. — *Attributions du Commandant. — Discipline.*

Art. 11. — Le commandant de la gendarmerie a toutes les attributions d'un chef de corps.

Il doit assurer l'instruction, la discipline et l'administration de l'unité.

En ce qui concerne l'organisation du service et la discipline, tant pour le cadre européen que pour les officiers et hommes de troupe marocains, un règlement fixera les prescriptions nécessaires, qui devront s'inspirer des principes communs aux règlements de la gendarmerie française et de la *guardia civil* espagnole.

Le commandant de la gendarmerie et le capitaine adjoint exercent à l'égard des officiers et sous-officiers de leur nationalité les droits que leur confèrent les règlements en vigueur dans leurs armées respectives. Le commandant de la gendarmerie peut, en outre, en ce qui concerne les officiers ou sous-officiers qui ne sont pas de sa nationalité, adresser sous sa responsabilité un rapport avec des conclusions à l'Administrateur de Tanger. Celui-ci transmet ce rapport au Consul de la nation à laquelle appartient l'officier ou le sous-officier en cause.

IV. — *Service des salves.*

Art. 12. — La gendarmerie assure, avec un détachement prélevé sur son effectif, le service de la batterie pour les salves règlementaires.

V. — *Période transitoire.*

Art. 13. — Pendant un délai de 12 mois à compter de la constitution de la gendarmerie de Tanger, son effectif sera fixé à 400 hommes de troupe indigènes, sous-officiers compris, et 50 chevaux, mais sera ramené, à l'expiration de cette période, à celui prévu à l'article 6.

Étant donné le caractère transitoire de cette mesure, l'encadrement européen prévu à l'article 4 ne sera pas modifié.

L'effectif des caïds pourra être, à l'origine, de huit unités et sera recruté dans les conditions fixées par l'article 9 ; il sera réduit progressivement à celui fixé par l'article 6.

III

Le présent Accord sera communiqué par les soins du Gouvernement de la République française aux Puissances ayant adhéré à la Convention du 18 décembre 1923 relative à l'organisation du Statut de Tanger, ainsi qu'au Gouvernement des États-Unis d'Amérique, signataire de l'Acte d'Algésiras.

IV

Le présent Accord sera ratifié et les ratifications en seront déposées à Paris aussitôt que faire se pourra.

Il entrera en vigueur à l'expiration d'un délai de trois mois à compter du dépôt des ratifications, et dès ce moment il sera soumis aux conditions de durée et de renouvellement du Statut, objet de la Convention du 18 décembre 1923.

Le présent Accord dressé en quatre exemplaires, à Paris, le 25 juillet 1928.

J. QUINONES DE LEON,
BERTHELOT.
CREWE.
G. MANZONI.

B

ACCORD

PORTANT REVISION DE CERTAINS ARTICLES

DU DAHIR CHÉRIFIEN

CONCERNANT L'ADMINISTRATION DE LA ZONE DE TANGER, DU DAHIR CHÉRIFIEN
SUR L'ORGANISATION D'UNE JURIDICTION INTERNATIONALE À TANGER
ET DE L'ANNEXE AU DAHIR CHÉRIFIEN
SUR L'ORGANISATION D'UNE JURIDICTION INTERNATIONALE À TANGER,
AINSI QUE DU CODE PÉNAL DE LA ZONE DE TANGER.

Le Gouvernement de Sa Majesté le Roi d'Espagne, le Gouvernement de la République française, le Gouvernement en Grande-Bretagne de Sa Majesté Britannique et e Gouvernement de Sa Majesté le Roi d'Italie, ayant considéré la nécessité d amender certains articles du dahir chérifien organisant l'administration de la zone de Tanger, du dahir chérifien sur l'organisation d'une juridiction internationale à Tanger, et de l'annexe au dahir chérifien sur l'organisation d'une juridiction internationale à Tanger, ainsi que du Code pénal de la zone de Tanger, en vue notamment de les mettre en harmonie avec le Statut de Tanger, objet de la Convention du 18 décembre 1923, revisée en date de ce jour,

S'engagent à recommander à l'adoption de Sa Majesté Chérifienne les amendements suivants aux actes ci-dessus visés :

I

AMENDEMENTS AU DAHIR CHÉRIFIEN

ORGANISANT L'ADMINISTRATION DE LA ZONE DE TANGER.

ART. 12. — Les accords internationaux conclus à l'avenir par Notre Majesté Chérifienne ne s'étendront à la zone de Tanger qu'avec l'assentiment de l'Assemblée législative internationale. Il en sera de même de nos décrets rendus conformément à l'article 5 du Traité de Protectorat du 30 mars 1912.

Par exception, s'étendront de plein droit à la zone de Tanger :

1° Les accords internationaux auxquels toutes les Puissances signataires de l'Acte d'Algésiras seront parties contractantes ou auront adhéré ;

2° Nos décrets susvisés lorsqu'ils auront été rendus en vue de modifier les textes organiques de la zone conformément aux accords intervenus ou à intervenir pour la revision du Statut de Tanger entre les Puissances signataires de la Convention du 18 décembre 1923 revisée,

3.

3° Toutes dispositions législatives applicables aux deux zones française et espagnole et relatives :

a. Au fonctionnement des services postaux et télégraphiques chérifiens avec l'étranger ainsi qu'à l'unification des tarifs y applicables ;

b. Au commerce des armes et des munitions à leur usage.

Art. 20. — L'Assemblée législative internationale exerce le pouvoir législatif et réglementaire.

Elle est présidée par le Mendoub et est composée de vingt-sept membres des communautés étrangères et marocaines dans les conditions suivantes :

4 membres français,
4 membres espagnols,
3 membres britanniques,
3 membres italiens,
1 membre américain,
1 membre belge,
1 membre hollandais,
1 membre portugais,

désignés par leurs consulats respectifs,

6 de nos sujets musulmans, désignés par notre Mendoub, et

3 de nos sujets israélites, choisis par notre Mendoub, sur une liste de 9 candidats présentée par la communauté israélite de Tanger.

Il est pourvu, suivant la même procédure, dans un délai maximum de trois mois, au remplacement des membres décédés ou démissionnaires.

Art. 22 ....
....

(*Quatrième alinéa*) : L'Assemblée est présidée par notre Mendoub, assisté d'un vice président français, d'un vice-président espagnol, d'un vice-président britannique et d'un vice-président italien nommés annuellement par l'Assemblée.

....

Art. 32. — L'Administrateur a sous ses ordres trois administrateurs-adjoints : un premier adjoint qui le remplace en cas d'absence et qui, sous sa direction, est plus spécialement chargé des services d'hygiène et d'assistance ; un second adjoint qui, sous sa direction, est plus spécialement chargé des services financiers ; et un troisième adjoint qui, sous sa direction, est plus spécialement chargé des services judiciaires.

Les autres services administratifs de la zone sont directement rattachés à l'Administrateur.

Art. 33. — La police de la zone comprend :

1° Un corps de gendarmerie indigène composé de 250 hommes et constitué conformément aux dispositions de l'article 47 de la Convention du 18 décembre 1923 revisée ;

2° Une police civile composée d'agents européens et indigènes dont l'effectif est fixé par l'Assemblée. La police est placée sous les ordres d'un commissaire nommé par l'Assemblée sur la présentation de l'Administrateur.

Art. 36. — Le recrutement des fonctionnaires de l'Administration internationale, autres que ceux prévus à l'article 35 de la Convention du 18 décembre 1923 revisée, est effectué par une commission présidée par l'Administrateur et composée des quatre vice-présidents de l'Assemblée et du chef de service intéressé.

La commission doit, en se renseignant auprès du Consul auquel ressortit le candidat, s'assurer que celui-ci n'a pas d'antécédents défavorables. Ces renseignements doivent être donnés dans un délai d'un mois à compter du jour où ils ont été demandés, faute de quoi la commission peut procéder au recrutement du candidat.

Les candidats agréés sont nommés par l'Administrateur après approbation de l'Assemblée.

II

AMENDEMENTS AU DAHIR

SUR L'ORGANISATION D'UNE JURIDICTION INTERNATIONALE À TANGER.

Art. 1er (*alinéas 1, 2 et 3*). — Il est institué à Tanger une juridiction internationale qui reçoit le nom de Tribunal mixte de Tanger.

Cette juridiction comprend :

1° Comme membres titulaires, un magistrat belge, un magistrat britannique, un magistrat espagnol, un magistrat français et un magistrat italien ;

. . . .

Art. 10 (*alinéas 1 et 2*). — Si l'accusé est un de nos sujets, le jury comprend trois de Nos sujets, un sujet espagnol, un citoyen français, et un sujet britannique ou un citoyen italien.

S'il appartient à un État autre que l'État marocain, les membres du jury sont tirés au sort sur la liste des jurés de même nationalité que l'accusé. Dans le cas où il n'existe pas de liste spéciale pour la nation à laquelle appartient l'accusé, l'accusé peut désigner la nationalité de la liste des jurés par lesquels il désire être jugé et le tirage au sort est effectué sur la liste de cette nationalité. Le président du tribunal criminel lui fait connaître son droit à cet égard dix jours au moins avant l'ouverture de la session. Faute par l'accusé d'user de ce droit dans les vingt-quatre heures de l'avis à lui donné par le président, le jury se compose de six membres, choisis, à raison de deux au plus par nationalité, sur les listes des jurés britanniques, espagnols, français et italiens.

. . . .

Art. 14. — Le service du secrétariat-greffe du Tribunal mixte de Tanger est assuré par un secrétaire-greffier en chef, quatre secrétaires-greffiers et deux commis-greffiers, qui sont nommés par dahir de [Notre Majesté sur proposition de l'assemblée générale des titulaires.

Ces fonctionnaires sont exclusivement rétribués par un traitement fixe dont le montant sera déterminé ultérieurement.

Ils sont chargés de la tenue du greffe, du notariat et de la comptabilité. Ils opèrent, en outre, les actes de sommation, de notification, d'exécution et de constat ordonnés par les magistrats. Ils sont, enfin, chargés des fonctions de syndic des faillites ou de liquidateur judiciaire ainsi que des fonctions de curateur à succession vacante dans les conditions déterminées par la loi.

Les agents du secrétariat-greffe sont de nationalité britannique, espagnole, française ou italienne. Ils doivent être âgés de vingt-cinq ans au moins. Ils sont susceptibles d'être révoqués par dahir sur la proposition de l'assemblée générale des titulaires, qui statue, soit d'office, soit sur l'initiative de l'un des procureurs, mais, en tout cas, après explications fournies par les agents intéressés ou, au moins, après explications à eux demandées.

Un dahir détermine le montant des droits dus au Trésor à l'occasion des procédures judiciaires ou des actes du greffe et fixe aussi les conditions du recouvrement de ces droits.

Art. 22. — Le traitement des magistrats titulaires du Tribunal mixte est de 3o.ooo francs marocains. Les magistrats reçoivent en outre une indemnité annuelle de 14.ooo francs à titre de frais de logement et de résidence.

III

AMENDEMENTS À L'ANNEXE AU DAHIR

SUR

L'ORGANISATION D'UNE JURIDICTION INTERNATIONALE À TANGER

Art. 5. — À partir de l'entrée en vigueur du présent dahir, le Tribunal mixte connaîtra, dans les limites de la compétence respective de ses diverses sections et en conformité avec les lois pénales de la zone internationale :

1° De tous crimes, délits ou contraventions commis par des ressortissants étrangers ;

2° De tous crimes, délits ou contraventions commis par des sujets de Notre Empire avec la participation de ressortissants des Puissances étrangères ;

3° De tous crimes, délits ou contraventions commis par des sujets de Notre Empire, lorsque des ressortissants des Puissances étrangères en seront les victimes ;

3° *bis.* De toutes infractions commises par des sujets de Notre Empire et réprimées par les articles 13g et 13g *bis* du Code pénal ;

4° De tous crimes, délits ou contraventions commis :

a. À son audience et dans les lieux où un ou plusieurs de ses magistrats procèdent à un acte de leur fonction ;

b. De tous crimes ou délits de faux témoignage, faux serment ou subornation de témoins devant le Tribunal mixte tant en matière civile qu'en matière pénale ;

c. Contre l'exécution des arrêts, jugements, sentences, ordonnances ou mandats du Tribunal mixte ;

d. Contre les magistrats, assesseurs, jurés ou officiers de justice du Tribunal mixte dans l'exercice ou à l'occasion de l'exercice de leurs fonctions ;

e. Par les magistrats, assesseurs, jurés ou officiers de justice du Tribunal mixte dans l'exercice de leurs fonctions ou par suite d'un abus d'autorité.

IV

AMENDEMENTS AU CODE PÉNAL DE LA ZONE DE TANGER.

LIVRE PREMIER

CHAPITRE V. (*Nouveau.*)

DE L'INTERDICTION DE SÉJOUR.

ART. 25 *bis* — L'interdiction de séjour dans la zone de Tanger pour vingt ans au plus pourra toujours être prononcée par le Tribunal accessoirement aux condamnations d'emprisonnement dont auront été l'objet les auteurs ou complices :

1° De tous crimes ou tentatives de crime ;

2° Des délits prévus aux articles 139 (alinéas premier et deuxième) et 139 *bis* ;

3° En cas de récidive, des délits prévus aux articles 118, 130, 131, 132, 133, 139 (alinéa troisième), 146, 147, 148, 149, 150, 188, 189, 199, 201 et 203.

Les sujets marocains qui seraient frappés de la peine accessoire d'interdiction de séjour dans la zone de Tanger devront se voir imposer par le Tribunal l'obligation de résider dans une des autres zones du Maroc désignée après entente avec les autorités compétentes de cette zone.

Le condamné qui contreviendrait à l'interdiction de séjour avant l'expiration du temps fixé sera puni du bannissement de la zone de Tanger. S'il est sujet marocain, une résidence obligatoire lui sera imposée comme il est dit à l'alinéa précédent.

LIVRE TROISIÈME.

TITRE DEUXIÈME.

CHAPITRE PREMIER.

SECTION DEUXIÈME.

ART. 139. — Quiconque, sans autorisation, fabriquera, introduira ou détiendra à un titre quelconque dans la zone de Tanger des explosifs, du matériel et des engins de guerre tels que armes, munitions, cartouches même non chargées, sera puni d'un emprisonnement de six mois à cinq ans et d'une amende de mille à vingt mille francs (1.000 à 20.000 fr.).

La tentative et la complicité seront punies de la même peine que le délit lui-même.

Sans préjudice, s'il y a lieu, de l'application des deux premiers alinéas du présent article, toute personne qui portera, hors de son domicile et sans autorisation, une arme quelconque, apparente ou non, sera punie d'un emprisonnement de six jours à trois mois et d'une amende de cent à deux cents francs (100 à 200 fr.) ou de l'une de ces deux peines seulement.

Dans tous les cas visés au présent article, les choses fabriquées, introduites ou détenues, ainsi que les armes portées, seront confisquées

Art. 139 *bis*. — Quiconque sera convaincu de s'être livré dans la zone de Tanger à une agitation, propagande ou préparation d'entreprise contre l'ordre établi dans l'une quelconque des zones du Maroc ou dans les pays étrangers, sera puni d'un emprisonnement de six mois à cinq ans et d'une amende de mille à vingt mille francs (1.000 à 20.000 fr.).

Le présent Accord dressé en quatre exemplaires, à Paris, le 25 juillet 1928.

J. QUINONES DE LEON.

BERTHELOT.

CREWE.

G. MANZONI.

C

DISPOSITIONS PARTICULIÈRES.

Les soussignés, dûment et respectivement autorisés par le Gouvernement de Sa Majesté le Roi d'Espagne, le Gouvernement de la République française, le Gouvernement en Grande-Bretagne de Sa Majesté Britannique et le Gouvernement de Sa Majesté le Roi d'Italie sont convenus des dispositions particulières suivantes relatives aux Accords conclus en date de ce jour, concernant la zone de Tanger.

I

L'administrateur adjoint chargé des services judiciaires a sous son autorité les services administratifs de la juridiction internationale, les services pénitentiaires et le service des publications officielles. Il veille à l'exécution des jugements rendus par le Tribunal mixte en matière pénale. Il remplit, en outre, les fonctions de conseiller de l'administration de la zone en toutes matières juridiques et législatives, sous réserve des attributions des autres administrateurs adjoints.

II

Conformément au Statut de Tanger, les tabors actuellement existants seront dissous et remplacés, aussitôt que possible après la mise en vigueur de l'accord portant revision de la Convention du 18 décembre 1923 et signé en date de ce jour, par un corps de gendarmerie répondant aux caractéristiques données par ladite Convention revisée, en son article 47, et par le règlement de la gendarmerie, également revisé, qui est annexé à cet acte.

III

Les codes élaborés en exécution de l'article 48 de la Convention du 18 décembre 1923 relative à l'organisation du Statut de Tanger et revisée en date de ce jour seront officiellement communiqués au Gouvernement italien. Ils seront applicables à titre provisoire aux ressortissants italiens à dater du jour où l'Accord portant revision de ladite Convention, et signé en date de ce jour, entrera en vigueur. À l'expiration d'un délai de deux ans à compter dudit jour, lesdits codes seront soumis à une commission juridique, composée de représentants britanniques, espagnols, français et italiens, chargés d'examiner les modifications que le Gouvernement italien, et éventuellement les autres Gouvernements ayant adhéré à ladite Convention, estimeraient devoir proposer. Elle rédigera les textes à soumettre à l'Assemblée législative. La commission devra avoir terminé ses travaux dans un délai de trois mois à compter de sa première réunion.

IV

En vue de l'application de l'article 48 de la Convention du 18 décembre 1923 relative à l'organisation du Statut de la zone de Tanger et de l'article premier du dahir chérifien du 16 février 1924 sur l'organisation d'une juridiction internationale à Tanger les dits Convention et dahir chérifien revisés conformément aux Accords signés en date de ce jour, il est entendu que :

1° Le magistrat italien prendra siège au Tribunal mixte de Tanger à compter de l'entrée en vigueur du Statut revisé ;

2° Le magistrat belge remplacera celui des magistrats britanniques qui, le premier parmi eux, viendrait à cesser ses fonctions.

V

Les quatre Gouvernements s'engagent à faire élaborer une réforme de la juridiction internationale de Tanger par une commission juridique qui devra se réunir à Paris dans un délai de six mois à compter de la signature des présentes dispositions. Cette commission prendra pour base de ses travaux les recommandations et projets joints au procès-verbal de la vingt-neuvième séance tenue le 12 juillet 1928 par les experts chargés de préparer la revision du Statut de Tanger.

La réforme devra notamment :

Réaliser l'unité du Parquet ;

Faire assurer les fonctions du Ministère public près les juridictions de première instance et d'appel, ainsi que près le tribunal criminel, par un magistrat espagnol et un magistrat français alternant suivant un roulement annuel ; et près la juridiction de paix, dans les mêmes conditions, par un commissaire de police espagnol et un commissaire de police français ;

Instituer une présidence du Tribunal mixte ;

Organiser le service des vacations pendant les vacances du Tribunal mixte ;

Instituer une Cour d'appel, nettement séparée des autres juridictions, et où pourront siéger des conseillers non résidents qui viendront périodiquement tenir session à Tanger ; une taxe spéciale pourra être prélevée sur tout appelant, non assisté judiciaire, en sus des droits prévus sur les frais de justice ;

Tenir compte du désir exprimé par les Gouvernements espagnol et français d'avoir respectivement un magistrat de leur nationalité dans la juridiction de première instance et dans la juridiction d'appel ;

Supprimer les membres adjoints du Tribunal mixte comme collaborateurs réguliers des juridictions internationales.

Il pourrait être utilement prévu un recours en cassation devant une Commission supérieure de cassation composée de magistrats appartenant à la Cour Suprême d'un pays dont la nationalité ne sera pas représentée dans les juridictions internationales de Tanger.

VI

Conformément à l'article 49 de la Convention du 18 décembre 1923 relative à l'organisation du Statut de Tanger et revisée en date de ce jour, l'Agence diplomatique d'Italie à Tanger sera remplacée par un Consulat, le Gouvernement italien se réservant, d'ailleurs, la faculté de choisir le titulaire de ce Consulat dans le cadre de ses fonctionnaires diplomatiques, sans que cet agent puisse se prévaloir d'autres droits, prérogatives et privilèges que ceux attachés aux fonctions de Consul de carrière dans la zone de Tanger.

VII

Le Gouvernement de Sa Majesté le Roi d'Italie accepte que les ressortissants italiens soient assujettis aux lois fiscales de la zone à partir du jour du dépôt des ratifications de l'accord signé en date de ce jour portant revision de la Convention du 18 décembre 1923 relative à l'organisation du Statut de Tanger.

VIII

Les présentes dispositions seront communiquées, par les soins du Gouvernement de la République française, aux Puissances ayant adhéré à la Convention du 18 décembre 1923, relative à l'organisation du Statut de Tanger, ainsi qu'au Gouvernement des États-Unis d'Amérique, signataire de l'Acte d'Algésiras, en même temps que les accords signés en date de ce jour.

Les présentes dispositions dressées en quatre exemplaires, à Paris, le 25 juillet 1928.

J. QUINONES DE LEON.
BERTHELOT.
CREWE.
G. MANZONI.

LETTRES

SE RAPPORTANT À DIVERSES CLAUSES DE L'ACCORD

SIGNÉ À PARIS, LE 25 JUILLET 1928,

POUR

LA REVISION DE LA CONVENTION DU 18 DÉCEMBRE 1923

RELATIVE

À L'ORGANISATION DU STATUT DE LA ZONE DE TANGER.

I

LETTRES SE RAPPORTANT À L'ÉXÉCUTION DES TRAVAUX PUBLICS
DANS LA ZONE DE TANGER.

A. — LETTRE DE SON EXCELLENCE MONSIEUR QUINONES DE LEON,
AMBASSADEUR D'ESPAGNE À PARIS,
À SON EXCELLENCE LE COMTE MANZONI, AMBASSADEUR D'ITALIE À PARIS.

Paris, le 25 juillet 1928.

Monsieur l'Ambassadeur,

Vous avez bien voulu me signaler que le Gouvernement italien, au moment de devenir partie contractante à la Convention du 18 décembre 1923, relative à l'organisation du Statut de la zone de Tanger, s'inquiétait de savoir si une participation équitable serait assurée au capital et au travail italiens dans l'exécution des travaux publics de Tanger. J'ai l'honneur de vous faire connaître que le régime de l'égalité économique, institué en zone de Tanger par les traités en vigueur et consacré par l'article 7 de la dite Convention, garantit l'entreprise et la main-d'œuvre des différentes nations contre toute discrimination. J'ai l'honneur de vous faire connaître que le Consul général d'Espagne à Tanger, membre du Comité de contrôle, recevra l'instruction de veiller, au sein de cette Assemblée, à ce que l'Italie bénéficie pleinement de ce régime et de faire en sorte, s'il y avait lieu, que le Comité, agissant dans le cadre de la mission dont il est investi par l'article 30, paragraphe 5, adresse toutes observations utiles à l'Administration internationale.

Pour répondre à un autre désir que vous m'avez exprimé, il sera également rappelé à cet agent que la Commission du port, créée par l'article 41, a mission de veiller, sous l'autorité du Comité de contrôle, à l'observation du régime de l'égalité économique, pleinement ouvert aux intérêts italiens, et que, conformément aux dispositions de l'acte de concession, ce régime doit s'entendre de la construction et de l'entretien aussi bien que de l'exploitation du port.

Veuillez agréer, Monsieur l'Ambassadeur, les assurances de ma très haute considération.

J. QUINONES DE LEON.

RÉPONSE DE SON EXCELLENCE LE COMTE MANZONI
À SON EXCELLENCE MONSIEUR QUINONES DE LÉON.

Paris, le 25 juillet 1928.

MONSIEUR L'AMBASSADEUR,

Vous avez bien voulu, par lettre en date de ce jour, me faire connaître que le régime de l'égalité économique, institué en zone de Tanger par les traités en vigueur et consacré par l'article 7 de la Convention du 18 décembre 1923 relative à l'organisation du Statut de la zone de Tanger, garantit l'entreprise et la main-d'œuvre des différentes nations contre toute discrimination.

Vous ajoutez que le Consul général d'Espagne à Tanger, membre du Comité de contrôle, recevra l'instruction de veiller au sein de cette assemblée à ce que l'Italie bénéficie pleinement de ce régime et de faire en sorte, s'il y avait lieu, que le Comité, agissant dans le cadre de la mission dont il est investi par l'article 30, paragraphe 5 de la dite Convention, adresse toutes observations ou représentations utiles à l'Administration internationale.

D'autre part, il sera également rappelé à cet agent que la Commission du port, créée par l'article 41, a mission de veiller, sous l'autorité du Comité de contrôle, à l'observation du régime de l'égalité économique pleinement ouvert aux intérêts italiens et que, conformément aux dispositions de l'acte de concession, ce régime doit s'entendre de la construction et de l'entretien aussi bien que de l'exploitation du port.

J'ai l'honneur de vous remercier de cette communication que je ne manquerai pas de transmettre au Gouvernement Royal.

Veuillez agréer, Monsieur l'Ambassadeur, les assurances de ma très haute considération.

G. MANZONI.

B. — LETTRE DE SON EXCELLENCE LE MARQUIS DE CREWE,
AMBASSADEUR DE SA MAJESTÉ BRITANNIQUE À PARIS,
À SON EXCELLENCE LE COMTE MANZONI, AMBASSADEUR D'ITALIE À PARIS.

Paris, le 25 juillet 1928.

MONSIEUR L'AMBASSADEUR,

Vous avez bien voulu me signaler que le Gouvernement italien, au moment de devenir partie contractante à la Convention du 18 décembre 1923 relative à l'organisation du Statut de la zone de Tanger, s'inquiétait de savoir si une participation équitable serait assurée au capital et au travail italiens dans l'exécution des travaux publics de Tanger. J'ai l'honneur de vous faire connaître que le régime de l'égalité économique, institué en zone de Tanger par les traités en vigueur et consacré par l'article 7 de ladite Convention, garantit l'entreprise et la main-d'œuvre des différentes nations contre toute discrimination. J'ai l'honneur de vous faire connaître que le Consul général de Grande-Bretagne à Tanger, membre du Comité de contrôle, recevra l'instruction de veiller, au sein de cette assemblée, à ce que l'Italie bénéficie pleinement de ce régime et de faire en sorte, s'il y avait lieu, que le Comité, agissant dans le cadre de la mission dont il est investi par l'article 30, paragraphe 5, adresse toutes observations ou représentations utiles à l'Administration internationale.

Pour répondre à un autre désir que vous m'avez exprimé, il sera également rappelé à cet agent que la Commission du port, créée par l'article 41, a mission de veiller, sous l'autorité du Comité de contrôle, à l'observation du régime de l'égalité économique, pleinement ouvert aux intérêts italiens, et que, conformément aux dispositions de l'acte de concession, ce régime doit s'entendre de la construction et de l'entretien aussi bien que de l'exploitation du port.

Veuillez agréer, Monsieur l'Ambassadeur, les assurances de ma très haute considération.

CREWE.

* * *

RÉPONSE DE SON EXCELLENCE LE COMTE MANZONI À SON EXCELLENCE LE MARQUIS DE CREWE.

Paris, le 25 juillet 1928.

MONSIEUR L'AMBASSADEUR,

Vous avez bien voulu, par lettre en date de ce jour, me faire connaître que le régime de l'égalité économique, institué en zone de Tanger par les traités en vigueur et consacré par l'article 7 de la Convention du 18 décembre 1923 relative à l'organisation du Statut de la zone de Tanger, garantit l'entreprise et la main-d'œuvre des différentes nations contre toute discrimination.

Vous ajoutez que le Consul général de Grande-Bretagne à Tanger, membre du Comité de contrôle, recevra l'instruction de veiller au sein de cette assemblée à ce que l'Italie bénéficie pleinement de ce régime et de faire en sorte, s'il y avait lieu, que le Comité, agissant dans le cadre de la mission dont il est investi par l'article 30, paragraphe 5 de ladite Convention, adresse toutes observations ou représentations utiles à l'administration internationale.

D'autre part, il sera également rappelé à cet agent que la Commission du port, créée par l'article 41, a mission de veiller, sous l'autorité du Comité de contrôle, à l'observation du régime de l'égalité économique pleinement ouvert aux intérêts italiens et que, conformément aux dispositions de l'acte de concession, ce régime doit s'entendre de la construction et de l'entretien aussi bien que de l'exploitation du port.

J'ai l'honneur de vous remercier de cette communication que je ne manquerai pas de transmettre au Gouvernement Royal.

Veuillez agréer, Monsieur l'Ambassadeur, les assurances de ma très haute considération.

G. MANZONI.

C. — LETTRE DE SON EXCELLENCE MONSIEUR BERTHELOT, AMBASSADEUR DE FRANCE, SECRÉTAIRE GÉNÉRAL DU MINISTÈRE DES AFFAIRES ÉTRANGÈRES, À SON EXCELLENCE LE COMTE MANZONI, AMBASSADEUR D'ITALIE À PARIS.

Paris, le 25 juillet 1928.

Monsieur l'Ambassadeur,

Vous avez bien voulu me signaler que le Gouvernement italien, au moment de devenir partie contractante à la Convention du 18 décembre 1923 relative à l'organisation du Statut de la zone de Tanger, s'inquiétait de savoir si une participation équitable serait assurée au capital et au travail italiens dans l'exécution des travaux publics de Tanger. J'ai l'honneur de vous faire connaître que le régime de l'égalité économique, institué en zone de Tanger par les traités en vigueur et consacré par l'article 7 de ladite Convention, garantit l'entreprise et la main-d'œuvre des différentes nations contre toute discrimination. J'ai l'honneur de vous faire connaître que le Consul général de France à Tanger, membre du Comité de contrôle, recevra l'instruction de veiller, au sein de cette assemblée, à ce que l'Italie bénéficie pleinement de ce régime et de faire en sorte, s'il y avait lieu, que le Comité, agissant dans le cadre de la mission dont il est investi par l'article 30, paragraphe 5, adresse toutes observations ou représentations utiles à l'Administration internationale.

Pour répondre à un autre désir que vous m'avez exprimé, il sera également rappelé à cet agent que la Commission du port, créée par l'article 41, a mission de veiller, sous l'autorité du Comité de contrôle, à l'observation du régime de l'égalité économique, pleinement ouvert aux intérêts italiens, et que, conformément aux dispositions de l'acte de concession, ce régime doit s'entendre de la construction et de l'entretien aussi bien que de l'exploitation du port.

Veuillez agréer, Monsieur l'Ambassadeur, les assurances de ma très haute considération.

BERTHELOT.

RÉPONSE DE SON EXCELLENCE LE COMTE MANZONI À SON EXCELLENCE MONSIEUR BERTHELOT.

Paris, le 25 juillet 1928.

Monsieur l'Ambassadeur,

Vous avez bien voulu, par lettre en date de ce jour, me faire connaître que le régime de l'égalité économique, institué en zone de Tanger par les traités en vigueur et consacré par l'article 7 de la Convention du 18 décembre 1923 relative à l'organisation du Statut de la zone de Tanger, garantit l'entreprise et la main-d'œuvre des différentes nations contre toute discrimination.

Vous ajoutez que le Consul général de France à Tanger, membre du Comité de contrôle, recevra l'instruction de veiller au sein de cette assemblée à ce que l'Italie bénéficie pleinement de ce régime et de faire en sorte, s'il y avait lieu, que le Comité, agissant dans le cadre de la mission dont il est investi par l'article 30, paragraphe 5, de ladite Convention, adresse toutes observations ou représentations utiles à l'Administration tangéroise.

D'autre part, il sera également rappelé à cet agent que la Commission du port, créée par l'article 41, a mission de veiller, sous l'autorité du Comité de contrôle, à l'observation du régime de l'égalité économique pleinement ouvert aux intérêts italiens et que, conformément aux dispositions de l'acte de concession, ce régime doit s'entendre de la construction et de l'entretien aussi bien que de l'exploitation du port.

J'ai l'honneur de vous remercier de cette communication que je ne manquerai pas de transmettre au Gouvernement Royal.

Veuillez agréer, Monsieur l'Ambassadeur, les assurances de ma très haute considération.

G. MANZONI.

II

LETTRES SE RAPPORTANT AU RECRUTEMENT DES FONCTIONNAIRES DE L'ADMINISTRATION DE LA ZONE DE TANGER.

A. — LETTRE DE SON EXCELLENCE M. QUINONES DE LEON, AMBASSADEUR D'ESPAGNE À PARIS, À SON EXCELLENCE LE COMTE MANZONI, AMBASSADEUR D'ITALIE À PARIS.

Paris, le 25 juillet 1928.

Monsieur l'Ambassadeur,

Vous avez bien voulu m'exprimer, au nom du Gouvernement italien, le désir qu'à l'occasion des vacances qui se produiront dans les cadres de l'Administration internationale de Tanger, une participation équitable dans cette administration soit désormais assurée à des fonctionnaires italiens et que l'attention des vice-présidents de l'Assemblée législative internationale, membres de la Commission de recrutement instituée par l'article 37 de la Convention du 18 décembre 1923 relative à l'organisation du Statut de la zone de Tanger, soit respectivement appelée sur ce sujet par les soins des Consuls généraux d'Espagne, de France, de Grande-Bretagne et d'Italie.

J'ai l'honneur de vous faire connaître que le Gouvernement espagnol sera heureux de tenir compte de ce désir.

Veuillez agréer, Monsieur l'Ambassadeur, les assurances de ma très haute considération.

J. QUINONES DE LEON.

RÉPONSE DE SON EXCELLENCE LE COMTE MANZONI À SON EXCELLENCE MONSIEUR QUINONES DE LEON.

Paris, le 25 juillet 1928.

Monsieur l'Ambassadeur,

Vous avez bien voulu, par lettre en date de ce jour, me faire connaître que le Gouvernement espagnol serait heureux de tenir compte du désir exprimé par le Gouvernement italien qu'à l'occasion des vacances qui se produiront dans les cadres de l'Administration internationale de Tanger, une participation équitable dans cette administration soit désormais assurée à des fonctionnaires italiens et que l'attention des vice-présidents de l'Assemblée législative internationale, membres de la Commission de recrutement instituée par l'article 37 de la Convention du 18 décembre 1923 relative à l'organisation du Statut de la zone de Tanger, soit respectivement appelée sur ce sujet par les soins des Consuls généraux d'Espagne, de France, de Grande-Bretagne et d'Italie.

J'ai l'honneur de vous remercier de cette communication que je ne manquerai pas de transmettre au Gouvernement Royal.

Veuillez agréer, Monsieur l'Ambassadeur, les assurances de ma très haute considération.

G. MANZONI.

B. — LETTRE DE SON EXCELLENCE LE MARQUIS DE CREWE, AMBASSADEUR DE SA MAJESTÉ BRITANNIQUE À PARIS, À SON EXCELLENCE LE COMTE MANZONI, AMBASSADEUR D'ITALIE À PARIS.

Paris, le 25 juillet 1928.

MONSIEUR L'AMBASSADEUR,

Vous avez bien voulu m'exprimer, au nom du Gouvernement italien, le désir qu'à l'occasion des vacances qui se produiront dans les cadres de l'Administration internationale de Tanger, une participation équitable dans cette administration soit désormais assurée à des fonctionnaires italiens et que l'attention des vice-présidents de l'Assemblée législative internationale, membres de la Commission de recrutement instituée par l'article 37 de la Convention du 18 décembre 1923 relative à l'organisation du Statut de la zone de Tanger, soit respectivement appelée sur ce sujet par les soins des Consuls généraux d'Espagne, de France, de Grande-Bretagne et d'Italie.

J'ai l'honneur de vous faire connaître que le Gouvernement britannique sera heureux de tenir compte de ce désir.

Veuillez agréer, Monsieur l'Ambassadeur, les assurances de ma très haute considération.

CREWE.

RÉPONSE DE SON EXCELLENCE LE COMTE MANZONI À SON EXCELLENCE LE MARQUIS DE CREWE.

Paris, le 25 juillet 1928.

MONSIEUR L'AMBASSADEUR,

Vous avez bien voulu, par lettre en date de ce jour, me faire connaître que le Gouvernement britannique serait heureux de tenir compte du désir exprimé par le Gouvernement italien qu'à l'occasion des vacances qui se produiront dans les cadres de l'Administration internationale de Tanger, une participation équitable dans cette administration soit désormais assurée à des fonctionnaires italiens et que l'attention des vice-présidents de l'Assemblée législative internationale, membres de la Commission de recrutement instituée par l'article 37 de la Convention du 18 décembre 1923 relative à l'organisation du Statut de la zone de Tanger, soit respectivement appelée sur ce sujet par les soins des Consuls généraux d'Espagne, de France, de Grande-Bretagne et d'Italie.

J'ai l'honneur de vous remercier de cette communication que je ne manquerai pas de transmettre au Gouvernement Royal.

Veuillez agréer, Monsieur l'Ambassadeur, les assurances de ma très haute considération.

G. MANZONI.

C. — LETTRE DE SON EXCELLENCE MONSIEUR BERTHELOT,
AMBASSADEUR DE FRANCE,
SECRÉTAIRE GÉNÉRAL DU MINISTÈRE DES AFFAIRES ÉTRANGÈRES,
À SON EXCELLENCE LE COMTE MANZONI, AMBASSADEUR D'ITALIE À PARIS.

Paris, le 25 juillet 1928.

MONSIEUR L'AMBASSADEUR,

Vous avez bien voulu m'exprimer, au nom du Gouvernement italien, le désir qu'à l'occasion des vacances qui se produiront dans les cadres de l'Administration internationale de Tanger, une participation équitable dans cette administration soit désormais assurée à des fonctionnaires italiens et que l'attention des vice-présidents de l'Assemblée législative internationale, membres de la Commission de recrutement instituée par l'article 38 de la Convention du 18 décembre 1923 relative à l'organisation du Statut de la zone de Tanger, soit respectivement appelée sur ce sujet par les soins des Consuls généraux d'Espagne, de France, de Grande-Bretagne et d'Italie.

J'ai l'honneur de vous faire connaître que le Gouvernement français sera heureux de tenir compte de ce désir.

Veuillez agréer, Monsieur l'Ambassadeur, les assurances de ma très haute considération.

BERTHELOT.

RÉPONSE DE SON EXCELLENCE LE COMTE MANZONI
À SON EXCELLENCE MONSIEUR BERTHELOT.

Paris, le 25 juillet 1928.

MONSIEUR L'AMBASSADEUR,

Vous avez bien voulu, par lettre en date de ce jour, me faire connaître que le Gouvernement français serait heureux de tenir compte du désir exprimé par le Gouvernement italien qu'à l'occasion des vacances qui se produiront dans les cadres de l'Administration internationale de Tanger, une participation équitable dans cette administration soit désormais assurée à des fonctionnaires italiens et que l'attention des vice-présidents de l'Assemblée législative internationale, membres de la Commission de recrutement instituée par l'article 37 de la Convention du 18 décembre 1923 relative à l'organisation du Statut de la zone de Tanger, soit respectivement appelée sur ce sujet par les soins des Consuls généraux d'Espagne, de France, de Grande-Bretagne et d'Italie.

J'ai l'honneur de vous remercier de cette communication que je ne manquerai pas de transmettre au Gouvernement Royal.

Veuillez agréer, Monsieur l'Ambassadeur, les assurances de ma très haute considération.

G. MANZONI.